AUX NOBLES PAIRS

COMPOSANT

LA COMMISSION DES PÉTITIONS

MESSIEURS,

EN déclarant prendre en considération la proposition de M. le duc de Lévis, tendante à *supplier le Roi de proposer une loi qui autorisât la formation en majorats sans titre, des propriétés foncières héréditairement disponibles, conformément aux lois existantes, et libres dans les mains de leurs possesseurs*, vous avez prouvé combien vous a paru importante l'idée d'arrêter le cours de la division et subdivision des propriétés; en effet, ce noble Pair vous en a suffisamment démontré les inconvéniens, et vous en a mis sous les yeux des exemples frappans. Vous avez sûrement reconnu avec lui tout le préjudice qui en est résulté pour l'intérêt des familles, pour l'agriculture, et même pour l'esprit public. La lumineuse discussion dans laquelle il est entré sur la nécessité d'apporter à ce mal un prompt remède, me dispense d'y rien ajouter pour vous en convaincre. Je me bornerai à examiner si le moyen proposé par M. le duc de Lévis est suffisant pour remédier au mal qu'il signale; et si je pense qu'il ne l'est pas, je vous demanderai la permission de vous soumettre quelques idées sur les moyens qui, isolément ou en concours avec le sien, pourraient assurer le succès d'une nouvelle disposition législative.

Le noble Pair se borne à proposer la formation de majorats *sans titre*, qui assureraient dans les familles la conservation d'une portion d'immeubles mis hors de la circulation, et pourraient y perpétuer un droit à l'éligibilité ou à l'élection. Sous ce dernier rapport, je crois que la mesure indiquée atteindra ce but : le même sentiment qui, chez certains hommes, excite le désir de la distinction nobiliaire pour eux et l'aîné de leurs fils, peut également, chez certains autres, exciter celui de la distinction *patricienne*.

Mais, il ne faut pas perdre de vue qu'on vous a signalé, Messieurs, les classes des moyens et des petits propriétaires, comme étant celles sur qui portait principalement l'inconvénient du système actuel, parce que les subdivisions que leurs immeubles éprouvaient dans un court laps de temps, finissaient par réduire chaque membre d'une famille à une possession si minime, que bientôt il tombait dans la gêne la plus grande, situation qui le forçait à adopter des moyens ruineux pour l'agriculture, pour lui-même, et pour toute la société. Si l'on rapproche de cette observation l'idée de la formation de majorats *sans titre*, on ne peut y trouver l'espoir d'un remède suffisant. En effet, *le majorat* emporte avec lui un avantage très-considérable en faveur de celui au profit de qui il est formé, sur-tout lorsque les enfans de l'instituant sont au nombre de trois et plus. Cependant, combien il y a de pères de famille qui répugnent à blesser ainsi l'égalité des partages entre leurs enfans, et qui hésitent à épuiser la portion disponible au profit d'un seul ! Le majorat dessaisit le chef d'une famille d'une portion très-forte de ses biens, et irrévocablement, quels que soient les besoins qu'il puisse en éprouver par la suite, pour lui, sa femme et ses enfans. Cette disposition ne peut donc convenir qu'aux grandes fortunes; encore, le besoin de former la légitime des autres enfans, peut faire qu'à la troisième génération, la fondation disparaisse. Enfin, un majorat doit être composé de biens libres et exempts de dettes ; tandis qu'aujourd'hui la plupart des immeubles ne jouissent pas de cet avantage. Il faut donc supposer au fondateur d'un majorat, un motif bien puissant, et en outre, une fortune qui lui permette d'en paralyser dans ses propres mains une partie essentielle.

Espère-t-on trouver ce motif puissant dans le seul désir d'empêcher la division des immeubles, lorsque les sentimens ou les intérêts privés y formeraient obstacle? Je ne le crois pas.

Cherchons donc d'autres moyens plus praticables pour les diverses classes de la société, et admissibles dans toutes les fortunes, même dans les nombreuses familles.

Le Code civil veut qu'en ligne directe, (art. 913) aucun enfant ne puisse être avantagé au-delà d'un tiers au préjudice de son frère ou de sa sœur, et d'un quart s'ils sont trois enfans, ou en plus grand nombre, égaux en droits. On doit considérer cette disposition comme principale, ou du moins comme liée à tout le système de législation, en matière de succession; dès lors le législateur doit hésiter à altérer isolément une semblable règle : je le conçois.

Mais ne doit-on pas regarder comme seulement réglementaires, et par conséquent susceptibles de variations, les dispositions qui veulent que chacun des cohéritiers (art. 826) puisse demander *sa part en nature* des immeubles de la succession? Les art. 827 et 832 semblent, à la vérité, apporter quelque modification à cette division des immeubles; tout le monde sait que, néanmoins, les experts et les tribunaux ne déclarent jamais *impartageables* les immeubles territoriaux; tout au plus, ils accordent cette faveur à l'habitation et au parc enclos des mêmes murs.

Je n'hésite point à dire que cette dernière disposition de la loi est entièrement distincte de l'art. 193, et qu'elle n'a été, sous le gouvernement qui l'a dictée, qu'une mesure politique et de circonstance, parce que ce gouvernement, essentiellement despotique, ne redoutait rien tant que les grands propriétaires, sur qui son action devait principalement porter : le despotisme pèse bien autrement sur les classes élevées, que sur la basse classe. Ce même gouvernement savait bien que plus la propriété est divisée, et moins il peut régner d'esprit de famille; et que les petits propriétaires restent étrangers à l'action de l'administration, parce qu'ils lui échappent sans cesse. Dans cette situation des choses, l'esprit public s'appauvrit, il périt même, et dès lors disparaît l'ennemi le plus redoutable pour l'arbitraire.

Ceux qui partageront ma conviction sur la possibilité de déroger sans inconvénient à la disposition réglementaire que je viens de citer, n'hésiteront sûrement point à le faire lorsqu'il s'agira d'un grand intérêt pour l'État. Dans la confiance, Messieurs, que vous adopterez avec moi cette opinion, j'oserai vous supplier de fixer votre attention sur les propositions que je vais avoir l'honneur de vous faire : elles sont tout-à-fait étrangères à l'institution des majorats; elles n'entraînent point la nécessité de donner la portion disponible, pas même celle d'avantager un seul enfant; elles ne changent rien aux règles actuelles sur la quotité des droits héréditaires; elles n'augmentent, ni ne diminuent les fortunes; en un mot, elles n'ont pour objet, et n'auraient d'autre effet, que celui d'empêcher le morcellement des immeubles, lorsqu'il y aurait dans les familles moyen de les conserver, sans nuire pour cela aux droits, ni aux intérêts des tiers, pas même à ceux des héritiers.

PREMIER MOYEN.

Toute personne devant laisser une succession directe (la loi donne toute latitude pour les successions collatérales), pourrait, par contrat de mariage, par disposition entre vifs ou à cause de mort, *assurer* à un ou plusieurs de ses héritiers la possession d'un ou plusieurs immeubles, quel que fût leur droit dans cette succession. L'*assuré* aurait la faculté exclusive de prendre cet immeuble d'après l'évaluation qui lui serait donnée, soit à l'amiable, soit judiciairement, *mais toujours après le décès de son auteur*, sans égard à l'importance de cette valeur, et ce, nonobstant les dispositions contraires du Code civil. Si elle excédait la part héréditaire de l'*assuré*, celui-ci en devrait par privilége la soulte à ses cohéritiers ; cette soulte ne serait exigible de lui qu'après dix ans, à l'intérêt annuel de 4 pour o/o nets pour les immeubles ruraux, et à 5 pour o/o nets pour les maisons et les usines. Toutefois, cet avantage serait soumis aux conditions suivantes :

L'*assuré* contribuerait aux dettes de la succession, dans une proportion égale à l'importance des biens qu'il recueillerait ainsi, comparativement à la totalité de l'actif de l'hérédité; dans sa part, entreraient nécessairement les dettes hypothéquées sur ces mêmes biens. Si donc, l'actif total de la succession étant de 100,000 fr. et le passif de 20,000 fr., l'immeuble assuré vaut 60,000 fr., l'héritier assuré devra acquitter 12,000 fr. de dettes ; il ne restera plus saisi que de 48,000 fr. Si cette somme excède sa portion héréditaire, il devra soulte de l'excédant et par privilége sur l'immeuble.

Nonobstant le délai de dix ans, accordé pour le remboursement de la soulte et du rapport, il deviendrait exigible immédiatement, au cas de la vente de ces biens par l'*assuré* en totalité, ou même *par portions*, si la valeur de ces diverses portions réunies excédait le cinquième de la valeur totale des biens assurés. Toutefois, les aliénations qui n'auraient eu pour objet que l'acquittement des dettes héréditaires ou de partie des soultes, ne pourraient lui être reprochées, et ne pourraient entrer dans le calcul ci-dessus du cinquième.

Lors du partage de la succession dont il s'agit, toutes les valeurs qui la composeraient et autres, toutefois que les biens assurés, devraient être consacrées, jusqu'à due concurrence, à l'acquittement du restant des dettes; en sorte que l'*assuré* ne pût être inquiété pour aucune de celles dont il n'aurait pas été chargé.

Je ne suis entré dans le détail des mesures

réglementaires de la disposition législative que je propose, qu'afin de répondre d'avance aux objections qu'elle pourrait faire naître ; ces mesures prouvent, en effet, que cette disposition ne blessera en aucune manière les droits des tiers ; qu'elle ne dérogera nullement au principe que le Code civil a établi pour le partage des successions directes ; que seulement, dans le cas où le père de famille voudrait, dans l'intérêt de la société, empêcher le morcellement d'un ou plusieurs de ses immeubles, il pourrait, par rapport à un ou plusieurs de ses enfans, convertir leurs droits immobiliers dans ces mêmes biens, en une créance privilégiée, remboursable dix ans après sa mort, et leur produisant un intérêt supérieur au revenu ordinaire des immeubles.

On y verra le moyen fourni à un père de famille, qui aura consacré une partie de sa vie à composer et améliorer un bien, de pouvoir éviter à sa vieillesse la pénible pensée qu'après lui ce bien sera dépecé, et le laisser intact à celui de ses enfans qu'il croira le plus propre à l'administrer sagement et utilement. Souvent aussi, tel immeuble ne convient qu'à un seul des enfans.

DEUXIÈME MOYEN.

Dans les successions directes ou collatérales, lorque le défunt n'aurait pas usé de la faculté de faire l'assurance ci-dessus déterminée, il serait loisible à l'un des héritiers majeurs de *soumissionner* un ou plusieurs des immeubles de la succession, à la charge d'en confondre la valeur dans son lot, ou de devoir la soulte, d'après l'estimation amiable ou judiciaire, et de se soumettre aux conditions suivantes ; dès lors, cet immeuble ne pourrait lui être refusé. Si plusieurs héritiers usaient de ce droit pour les mêmes biens, la licitation ne pourrait être faite qu'entr'eux, à l'exclusion des héritiers non-soumissionnaires et de tous autres. L'unique soumissionnaire, ou celui adjudicataire par suite de la licitation, ne serait tenu de rembourser la soulte à ses cohéritiers, que six ans après qu'il aurait été mis en possession des biens; il en devrait l'intérêt annuel à 5 p. o/o nets, quelle que fût leur nature, et serait soumis aux conditions suivantes :

Il devrait acquitter de ses deniers personnels, *sans pour cela s'aider desdits biens*, et jusqu'à concurrence du montant de la soulte qui en serait d'autant diminuée, toute la portion des dettes de la succession à la charge de ses cohéritiers, dans la proportion de leur émolument. En conséquence, les immeubles soumissionnés par lui ne pourront rester grevés que de sa part dans les dettes et du restant de la soulte.

Si, avant l'expiration des six ans de délai, une portion de ces biens, de valeur supérieure à sa part dans les dettes, était aliénée, le remboursement intégral de la soulte, deviendrait, par ce seul fait et aussitôt, exigible.

Les conditions qu'on vient de prescrire

offrent la garantie que l'héritier *soumissionnaire* (qui ne peut être aussi bien traité que celui au profit de qui le défunt aurait donné un témoignage de sa confiance personnelle), sera suffisamment aisé pour conserver les immeubles, et ne pourra les avoir convoités par spéculation, ni dans la vue de bénéficier par des reventes partielles sur ses cohéritiers; les intérêts de ceux-ci seront conservés, ainsi que ceux des tiers. Les immeubles ne seront pas morcelés; ainsi le vœu de la loi sera accompli.

Par cette mesure, l'héritier qui chérira la mémoire de son parent, et qui attachera du prix à conserver le même manoir, la même propriété, où peut-être son enfance aura été élevée, pourra satisfaire ce sentiment religieux, et soustraire ce bien au morcellement. Il le pourra au moyen des facilités que la nouvelle loi lui donnerait, tandis que, dans l'état actuel de la législation, il serait obligé d'y renoncer.

Telles sont, Messieurs, les pensées que j'ai l'honneur de vous soumettre, sans autre prétention que celle d'offrir mon tribut comme ami de ma patrie.

Je suis avec respect,

Messieurs,

Votre très-humble et obéissant serviteur,

C. SAINT-PAUL, Avocat.

Paris, 23 Mai 1820.

www.ingramcontent.com/pod-product-compliance
Ingram Content Group UK Ltd.
Pitfield, Milton Keynes, MK11 3LW, UK
UKHW021049260726
13994UKWH00005B/2413

9 782019 971489